BIBLIOTHÈQUE

DES

ENFANTS PIEUX

VIE

DE

SAINTE MONIQUE

TOURS

ALFRED MAME ET FILS

ÉDITEURS

BIBLIOTHÈQUE

DES

ENFANTS PIEUX

APPROUVÉE

PAR Mgr L'ÉVÊQUE DE NEVERS

SAINTE MONIQUE.

VIE

DE

SAINTE MONIQUE

VEUVE

LE MODÈLE DES MÈRES CHRÉTIENNES

L'AN 387

PAR HUBERT LEBON

TOURS

ALFRED MAME ET FILS, ÉDITEURS

1865

VIE

DE

SAINTE MONIQUE

Monique naquit en 332, dans les environs de Tagaste, ville de Numidie en Afrique. La crainte du Seigneur régnait dans sa famille. Elle fut élevée par une vieille gouvernante que l'on respectait dans la maison pour ses anciens services, et surtout pour ses grandes vertus. Le père et la mère de Monique ne crurent pas pouvoir confier à des mains plus dignes l'éducation de leurs filles. Cette femme les aimait comme ses enfants. Elle leur consacrait tous ses soins, veillait sur toutes leurs actions, et les portait, autant par ses exemples que par ses discours, à l'amour du devoir et de la religion.

Monique apprit ainsi de bonne heure à servir Dieu et à réprimer ces désirs inconsidérés qui sont ordinaires aux jeunes personnes. La tempérance était une des vertus auxquelles on la formait spécialement. Sa gouvernante ne lui permettait même pas de boire de l'eau hors des repas. « Maintenant, lui disait-elle, vous ne buvez que de l'eau, parce que vous n'avez pas de vin à votre disposition, mais quand vous serez votre maîtresse, vous conserverez cette mauvaise habitude de boire sans une grande nécessité, et vous vous satisferez en buvant du vin. »

Malgré ces précautions et ces sages remontrances, la jeune Monique prit insensiblement un peu de goût pour le vin, comme elle l'avoua depuis à son fils. C'était elle qu'on envoyait ordinairement à la cave : lorsqu'elle avait puisé, elle portait le vase à ses lèvres, et en avalait quelques gouttes. Ce qui n'était d'abord que l'effet de la légèreté de son âge devint bientôt un goût prononcé; Monique en vint jusqu'à aimer le vin et à en boire avec plaisir toutes les fois que l'occasion s'en présentait. Cette intempérance, quoiqu'elle ne fût pas encore suivie d'excès considérables, pouvait avoir des suites funestes; mais Dieu veillait sur sa servante, et il se servit, pour la corriger, d'une querelle qu'elle eut avec une domestique de la maison. Celle-ci, qui suivait ordinairement sa jeune maîtresse à la cave, était instruite de tout ce qui s'y passait. Un jour qu'elles disputaient ensemble, cette domestique alla jusqu'à lui reprocher ce défaut avec une insolence insupportable. Monique en fut vivement piquée : elle reconnut toute la honte du vice dont on l'accusait, et prit une sincère résolution de se corriger d'une telle habitude. Dès ce moment elle n'y retomba plus, et vécut de manière à édifier tous ceux qui la connaissaient.

Lorsqu'elle fut en âge d'être mariée, ses parents lui firent épouser Patrice, bourgeois de Tagaste, homme plein d'une probité mondaine, mais qui était encore païen de religion. Elle eut de lui saint Augustin, un autre fils nommé Navigius, et une fille.

Patrice avait de la tendresse pour Monique; mais il était en même temps violent et emporté. Lorsque Monique le voyait en colère, elle avait soin de ne le contredire ni par ses actions ni par ses discours. Elle attendait que le calme fût rentré dans son âme; elle lui faisait alors ses représentations, et les voyait écoutées; et lorsque des femmes victimes des emportements de leurs maris venaient lui conter leurs peines, elle avait coutume de leur répondre : « Vous ne devez vous en prendre qu'à vous-mêmes et à vos langues. » Puis elle ajoutait qu'elles devaient se souvenir de leur condition, et ne pas s'élever contre leurs maîtres ; et lorsque ces mêmes personnes, qui savaient à quel point son mari était violent, admiraient que jamais on n'eût entendu dire que Patrice eût maltraité sa femme, que même il y eût eu entre eux un seul jour de mésintelligence, et qu'elles lui demandaient confidentiellement comment cela se pouvait faire, elle leur disait la conduite qu'elle tenait ; et celles qui l'imitaient s'en trouvaient bien, et lui en avaient de la reconnaissance.

Monique recueillit les fruits de sa patience, de sa douceur et de ses autres vertus. Son mari embrassa le christianisme avant de mourir, il surmonta ses passions et donna le reste de sa vie l'exemple de toutes les vertus.

Monique convertit encore sa belle-mère, après l'avoir fait revenir des préventions qu'elle avait conçues contre elle. C'était un talent que l'on admirait, que celui qu'avait notre Sainte pour adoucir un cœur et l'ouvrir à des sentiments de paix et de charité. Toutes les bénédictions du Ciel ne sont-elles pas promises à la patience chrétienne?

Patrice mourut l'an 371, et Monique n'usa de la liberté de son veuvage que pour s'appliquer davantage à la pratique des vertus chrétiennes. Elle aimait surtout à travailler au soulagement des pauvres. Il n'était pas d'indigent dont elle ne voulût adoucir les misères; et pendant que ses mains répandaient les aumônes, ses paroles de foi faisaient pénétrer dans les âmes l'espérance et la résignation. Ce qui fortifiait sa charité, c'est qu'elle priait sans cesse, et qu'elle assistait tous les jours au saint sacrifice de la messe.

Mais les bonnes œuvres et les saintes pratiques auxquelles elle se livrait ne l'empêchaient point de veiller au soin de sa maison et à l'éducation de ses enfants.

Augustin fut celui de ses fils qui mit sa vertu aux plus rudes épreuves. Les soins qu'elle avait pris à l'élever dans des sentiments de religion ne semblaient avoir abouti qu'à le rendre plus coupable. Quoiqu'il eût été mis dès son enfance au rang des catéchumènes, on n'osa le présenter au baptême, de peur qu'il ne violât la sainteté de ce sacrement. Une maladie ayant fait craindre pour ses jours, on prépara tout pour le baptiser; mais on différa encore lorsque le danger fut passé. Une passion démesurée d'acquérir de la célébrité par la science s'empara de son cœur. Sa mère ne vit d'abord rien de mauvais dans cette disposition, persuadée qu'un jour Augustin pourrait se servir de ses connaissances pour la gloire de Dieu. Son père était aussi charmé de lui voir ce désir d'apprendre, mais par un motif tout différent : il le regardait comme un moyen d'obtenir cette supériorité de talents qui procure dans le monde un établissement honorable.

Après la mort de son père, Augustin, alors âgé de dix-sept ans, continua ses études à Carthage. C'est là qu'il se laissa séduire par les manichéens, qui l'entraînèrent dans leurs déplorables erreurs. Bientôt il se livra à tous les désordres les plus honteux. Monique pleurait sur la perte de son fils, dont le cœur autrefois si candide était alors ravagé par les passions. Elle ne se voyait déjà plus maîtresse d'arrêter le torrent; il fallut forcément lui laisser son cours; elle n'avait de consolation que dans la prière. Elle versait d'abondantes larmes aux pieds du Dieu qui ressuscita le fils de la veuve de Naïm et le rendit à sa mère. « Aussi, mon Dieu, s'écrie saint Augustin, vous avez écouté ses vœux, et vous n'avez point méprisé ses larmes, dont elle versait des torrents en votre présence dans tous les lieux où elle vous offrait sa prière. »

Enfin il plut au Ciel de la consoler par le songe suivant : « Il lui sembla, dit encore saint Augustin, qu'étant debout sur une longue règle de bois, et étant toute triste et tout accablée de douleur, elle vit venir à elle un jeune homme tout brillant de lumière, qui lui demanda le sujet de son chagrin. Sur la réponse qu'elle pleurait la perte de mon âme, il lui ordonna d'arrêter le cours de ses larmes, en lui disant : « Votre fils est avec vous. » Ayant alors baissé les yeux, elle me vit sur la règle où elle était. » La consolation qu'elle reçut de ce songe mystérieux fut si grande, qu'elle permit à son fils de demeurer et de manger avec elle, ce qu'elle n'avait pas voulu lui permettre depuis qu'il s'était fait manichéen.

« O Dieu éternel, s'écrie saint Augustin, qui n'admirera votre puissance infinie et votre bonté égale à votre puissance, voyant que vous avez autant de soin du moindre de nous que si vous n'aviez à conduire que lui seul, et que vous avez autant de soin de tous les hommes ensemble que de chaque homme en particulier? Mais ne fîtes-vous pas voir encore l'impression de votre esprit dans son âme, lorsque me racontant ce songe, comme je tâchais de l'interpréter à mon avantage en lui disant qu'il lui marquait qu'elle pourrait être un jour de mon sentiment, et non pas que je dusse être du sien, elle me répondit sur-le-champ, sans hésiter: «Non, non, cela ne peut être; il ne m'a pas été dit que j'étais où vous étiez, mais que vous étiez où j'étais.» Saint Augustin ajoute que cette réponse pressante le toucha vivement, et qu'il fut toujours persuadé, après sa conversion, qu'elle avait été pour lui un avertissement du Ciel.

Cependant le fils de Monique, continuant à lutter contre la grâce, persistait dans ses erreurs et ses désordres ; sa pieuse mère ne cessait de répandre aux pieds de Dieu ses ardentes prières. Elle mettait dans ses intérêts de saints évêques, et les conjurait d'avoir des conférences avec son fils. Un de ces évêques qui avait été dans sa jeunesse engagé dans l'hérésie des manichéens, et que la lecture des livres de leur parti avait ramené à l'Église, lui dit à ce sujet : « Le cœur de votre fils résiste encore, mais continuez vos prières, et le moment marqué par le Seigneur arrivera. » Et comme elle importunait le saint évêque pour le même objet, elle en reçut cette réponse : « Allez, et continuez ce que vous faites, car il est impossible qu'un fils pleuré avec tant de larmes périsse jamais. »

Monique regarda ces paroles comme un oracle du Ciel.

Augustin avait alors vingt-neuf ans, et il projetait d'aller à Rome pour y enseigner la rhétorique. Sa sainte mère fit ses efforts pour le détourner de ce voyage; elle craignait que ce ne fût un obstacle de plus à sa conversion. Elle voulut le suivre jusqu'à la mer, bien résolue ou de le ramener avec elle, ou d'aller avec lui jusqu'à Rome. Mais, pour se délivrer de ses importunités, Augustin feignit de ne vouloir qu'accompagner un de ses amis, assurant que, pour lui, il ne s'embarquerait pas. « C'est ainsi, dit-il, que je trompai une mère, et une telle mère! et que je parvins à lui échapper. Mais vous m'avez pardonné cette faute, ô mon Dieu, m'ayant, par votre miséricorde, sauvé des eaux de la mer, pour me conduire jusqu'aux eaux vivifiantes de votre grâce. Cependant, comme ma mère ne pouvait se résoudre à s'en retourner sans moi, je lui persuadai, bien qu'avec peine, de passer la nuit suivante dans un lieu peu éloigné de notre vaisseau, où se trouvait une chapelle consacrée à la mémoire du bienheureux Cyprien; et tandis que, retirée dans cet endroit, elle vous offrait pour moi ses larmes et ses prières, je me dérobai secrètement et partis cette nuit même... Bientôt nous perdîmes de vue le rivage, où ma mère, s'abandonnant à l'excès de sa douleur, élevait vers vous ses plaintes et ses gémissements. Mais vous restiez sourd à sa voix, ayant résolu de m'arracher à mes passions par les passions même qui m'entraînaient, et aussi de la punir, par cette affliction que lui causait mon départ, de la tendresse encore toute charnelle qu'elle ressentait pour moi; car elle ne voulait point me quitter, m'aimant comme toutes les mères aiment leurs enfants, et encore plus que beaucoup d'autres mères... Enfin, après m'avoir recommandé à votre providence, elle s'en retourna chez elle, tandis que je continuais mon voyage vers Rome. »

Peu de temps après son arrivée à Rome, Augustin tomba dangereusement malade. Mais Monique ne cessait de prier, et il attribua le rétablissement de sa santé à ces prières que sa mère faisait pour lui, et qui avaient pour objet d'obtenir qu'il ne mourût pas dans l'impénitence. « Ma fièvre redoublait toujours, dit-il, et j'étais sur le point de mourir pour l'éternité. Car où pouvais-je aller si je fusse mort en cet état, sinon dans les flammes de l'enfer, parmi des tourments proportionnés à mes crimes? Ma mère, qui ne savait pas l'état déplorable où j'étais réduit, ne laissait pas de prier pour moi en mon absence. Et vous, mon Dieu, qui êtes présent partout, vous l'écoutiez favorablement au lieu où elle était, et me faisiez miséricorde au lieu où j'étais, tirant mon corps d'une maladie si violente, lorsque mon âme était infiniment plus malade par son impiété et par ses blasphèmes. Vous n'avez pas permis, ô mon Dieu, qu'étant dans un état si funeste, je mourusse d'une double mort; ce qui eût blessé ma mère d'une plaie si profonde et si sensible, qu'elle fût demeurée inconsolable tout le reste de sa vie. Car je ne puis assez exprimer combien était violente cette affection qu'elle avait pour moi, et avec combien plus de peines et plus de douleurs elle tâchait de m'enfanter à Dieu par l'esprit, qu'elle n'en avait ressenti dans le corps pour me mettre au monde. Je ne vois donc pas comment elle eût pu se consoler jamais, si vous eussiez permis qu'une âme qui lui était si chère eût péri d'une mort si malheureuse, qui lui eût déchiré les entrailles et qui l'eût percée jusqu'au fond du cœur. Et que fussent devenus, mon Dieu, tant de vœux et tant de prières qu'elle vous offrait sans cesse avec tant de zèle? Auriez-vous bien pu mépriser, mon Dieu, vous qui n'êtes que miséricorde, le cœur contrit et humilié d'une veuve chaste, sobre, charitable envers les pauvres; qui rendait toute sorte de soumissions et de devoirs à vos serviteurs; qui avait soin tous les jours d'assister à l'oblation sainte qui se fait à votre autel; qui ne manquait jamais de se trouver à l'église deux fois le jour?

« Auriez-vous bien pu mépriser ces larmes, ô mon Seigneur et mon Dieu, par lesquelles elle ne vous demandait pas de l'or ni de l'argent, ni quelque bien passager et périssable, mais la guérison de l'âme et le salut de son propre fils? Auriez-vous bien pu la rejeter dans cette demande et lui refuser votre assistance divine, vous qui lui aviez donné cette piété même et cette foi avec laquelle elle avait recours à vous? Non, mon Dieu, vous n'aviez garde de la traiter de la sorte; mais, au contraire, vous l'assistiez de votre grâce, vous l'écoutiez favorablement dans ses prières, disposant toutes choses pour mon salut, selon l'ordre prescrit et arrêté dans vos desseins éternels. »

En 384, Augustin quitta Rome et alla enseigner la rhétorique à Milan. Dans les conférences qu'il eut avec saint Ambroise, il reconnut les erreurs des manichéens, et y renonça, sans pourtant s'attacher encore au parti de la vérité. Son esprit toujours flottant avait besoin que de nouvelles lumières de la grâce vinssent fixer ses incertitudes. Affreux état que cette incertitude de l'âme luttant contre la grâce divine qui la presse et ne lui laisse aucun repos!

Monique, toujours inquiète sur l'état spirituel de son fils, désirait qu'il lui fût possible de le revoir bientôt. Elle espérait le retrouver plus docile aux sollicitations de la grâce; elle nourrissait je ne sais quel pressentiment d'un prompt retour, et Dieu lui-même semblait lui promettre qu'il allait exaucer ses prières et lui rendre enfin son cher Augustin. Sachant qu'il était à Milan, elle s'embarqua pour aller le rejoindre, sans se préoccuper des dangers d'une longue navigation.

Cependant Dieu permit que le navire sur lequel elle s'embarqua fût assailli par la tempête et près de s'engloutir dans l'abîme.

Tous les courages étaient abattus ; Monique seule semblait, au milieu de la consternation générale, posséder un sang-froid inconnu et une force d'âme au-dessus de la colère des vents et des fureurs de la mer. Elle priait avec confiance, et conservait le même calme que si elle eût vu de loin le péril, sans y avoir elle-même aucune part. Enfin les vents s'apaisèrent, les flots cessèrent d'être agités : bientôt le temps fut assez favorable pour permettre d'achever promptement le voyage sans plus de danger ; et tous se crurent redevables de la vie aux prières de Monique.

Arrivée à Milan, cette pieuse mère eut le bonheur d'apprendre de la bouche même de son fils qu'il avait quitté le parti des manichéens. C'était un pas fait vers la vérité, mais les passions retenaient encore Augustin. Monique redoubla ses prières et ses larmes, afin de lui obtenir de Dieu une entière conversion.

Elle continua à Milan les exercices de piété auxquels elle s'était assujettie, et se montra fort assidue aux instructions que saint Ambroise faisait à son peuple. Aussi avait-elle conçu une profonde vénération pour le saint archevêque de Milan, et regardait-elle ses instructions comme des oracles du Ciel.

Elle avait en Afrique la pieuse habitude de porter au tombeau des martyrs, par manière d'oblations, du pain et du vin, qui étaient ensuite distribués aux pauvres. S'étant mise en devoir de faire la même chose à Milan, le portier de l'église l'arrêta, en lui disant que l'archevêque avait défendu cette pratique. Elle se soumit aussitôt, sans même s'informer des raisons qui avaient occasionné la défense. Elle ne porta plus au tombeau des martyrs qu'un cœur pur et de vifs sentiments de religion, se réservant d'assister les pauvres dans d'autres circonstances et selon son pouvoir.

Monique avait une extrême délicatesse de conscience; ce qui lui donna des scrupules sur l'observation du jeûne du samedi. On jeûnait ce jour-là à Tagaste et à Rome, mais on ne jeûnait point à Milan. Monique, ne sachant quel parti prendre, consulta saint Ambroise. Voici quelle fut la réponse du saint prélat : « Quand je suis ici, je ne jeûne point le samedi, mais je jeûne lorsque je suis à Rome. Faites la même chose, et pratiquez toujours ce qui se pratique dans les églises où vous êtes. »

Enfin Monique vit arriver le moment

après lequel elle soupirait depuis si longtemps. Son cher Augustin revint à Dieu; il revint de bien loin et après de longues résistances, mais enfin son repentir fut entier et sa conversion fut parfaite.

Monique lui ménagea alors un bon parti, dans l'espérance que le mariage fixerait son âme agitée; mais Augustin lui apprit qu'il était résolu de ne pas se marier. Elle le suivit dans une maison de campagne où il se retira avec quelques-uns de ses amis. Elle prit part aux entretiens qu'ils eurent ensemble, et y montra un jugement et une pénétration extraordinaires, qualités dont elle était redevable à l'heureuse habitude qu'elle avait de converser perpétuellement avec Dieu. Saint Augustin nous a conservé plusieurs de ses réflexions, qui décèlent beaucoup d'esprit et de piété.

Saint Augustin fut baptisé à la fête de Pâques de l'année 387. Il continua de vivre quelque temps avec ceux de ses amis qui avaient reçu le baptême. Monique prit soin d'eux tous, comme s'ils eussent tous été ses enfants; mais elle avait autant de soumission pour chacun d'eux que s'il eût été son père. Tous ces nouveaux disciples de Jésus-Christ ne pensaient plus qu'à retourner en Afrique. La Sainte allait s'embarquer avec eux, lorsqu'il plut à Dieu de l'appeler à lui. Voici de quelle manière Augustin raconte sa mort, en la faisant précéder d'un entretien qu'ils eurent ensemble sur la félicité des bienheureux dans le ciel :

« Le jour s'approchant que ma mère devait passer à une meilleure vie, et ce jour vous étant connu, Seigneur, encore que nous l'ignorassions, il arriva, comme je crois, par la secrète conduite de votre sagesse, que nous nous trouvions seuls, elle et moi, appuyés sur une fenêtre qui regardait dans le jardin de la maison où nous logions à Ostie.

« Seuls, nous nous entretenions ensemble avec une extrême consolation, oubliant toutes les choses passées et présentes pour ne nous occuper entièrement que de l'avenir. Nous nous demandions en votre présence, ô immuable Vérité, quelle sera l'éternelle vie des bienheureux, cette vie que nul œil n'a jamais vue, que nulle oreille n'a jamais entendue, et que l'esprit de l'homme n'a jamais comprise; et les bouches de nos cœurs s'ouvraient avec avidité vers les célestes eaux de votre fontaine, de cette fontaine de vie qui est en vous-même, afin qu'en étant arrosés autant que nous en étions capables, nous pussions en quelque sorte comprendre une chose si élevée.

« Et notre discours se terminant à cette considération, que les plus grands plaisirs que l'on puisse imaginer sur la terre, non-seulement ne sont pas dignes d'entrer en parallèle avec les félicités du ciel, mais qu'ils ne méritent pas seulement d'être nommés lorsqu'il s'agit d'une chose si incompréhensible que le bonheur des élus dans le ciel, nous nous élevâmes alors vers cette immuable félicité par les élans d'une affection que je ne saurais dépeindre, et nous traversâmes l'une après l'autre toutes les choses créées, jusqu'au delà de ce ciel d'où le soleil et les astres répandent leur lumière sur la terre.

« Et en vous considérant, ô mon Dieu, en parlant de vous, en admirant vos ouvrages, nous allâmes encore plus avant, comme pour arriver dans cette bienheureuse région où l'unique nourriture est la vérité, l'unique vie la sagesse, cette sagesse éternelle qui a fait tout ce qui a été, tout ce que nous voyons, tout ce qui sera.

« Et en parlant ainsi de cette vie heureuse, et en la recherchant avec ardeur, nous nous élevâmes jusqu'à la sentir et à la goûter en quelque sorte; puis nous disions que si toutes les choses autour de nous pouvaient se taire, que toutes les impressions d'ici-bas pussent cesser, que toutes les voix pussent s'évanouir, et que la seule vue de Dieu absorbât toute l'âme, ce serait alors l'accomplissement de cette parole de l'Écriture : « Entrez dans la joie de votre Seigneur. » Et quand sera-ce, ô mon Dieu, que nous goûterons un bonheur si incompréhensible?

« Abandonnés à ce ravissement ineffable, tout sur la terre nous paraissait digne de mépris, et ma mère me dit alors : « Mon fils, je vous avoue que pour ce qui est de moi, il n'y a plus rien en cette vie qui soit capable de me plaire, et je ne sais plus ce que j'y fais, ni pourquoi j'y demeure davantage, puisque je n'ai plus rien à y espérer; car la seule chose qui me faisait encore tenir à la vie était de vous voir chrétien et catholique avant ma mort. Dieu a plus fait, puisqu'il ne m'a pas seulement accordé une telle grâce, mais aussi celle de vous voir devenu entièrement son serviteur par le mépris que vous faites, pour l'amour de lui, de tous les biens et de toutes les félicités de ce monde. Que fais-je donc ici davantage? Qui me retiendrait plus longtemps? »

« Je ne me souviens pas de la réponse que je lui fis; mais environ cinq jours après elle tomba malade d'une fièvre durant laquelle il lui prit une faiblesse qui lui fit perdre un moment toute connaissance. Nous courûmes la secourir; mais revenue à elle, et nous voyant mon frère et moi debout à ses côtés, elle nous demanda, comme une personne qui venait de loin : « Où étais-je? » Et puis nous voyant tristes, elle ajouta : « Vous enterrerez ici votre mère. » Sur quoi je ne répondis rien, et retins mes larmes. Mais mon frère ayant donné à connaître qu'il eût souhaité pour sa consolation particulière qu'elle fût plutôt morte en son pays qu'en un pays étranger, elle le regarda d'un œil sévère, et comme pour réformer sa pensée elle nous dit : « Enterrez ce corps où vous voudrez, sans vous en mettre nullement en peine ; la seule chose que je vous demande est de vous souvenir de moi à l'autel du Seigneur, en quelque lieu que vous soyez. On n'est jamais loin de Dieu, en quelque lieu du monde que l'on puisse être ; Dieu au jugement général saura bien retrouver mon corps pour le ressusciter. » Cependant elle souffrait avec une patience admirable les douleurs qui étaient la suite de sa maladie. Son âme bienheureuse fut enfin affranchie des liens du corps, pour aller dans le ciel se réunir à Jésus-Christ. Elle mourut en 387, à la cinquante-sixième année de son âge. »

Quoique Augustin fût pénétré d'une grande douleur, il retint pourtant ses larmes. Il crut qu'il ne convenait pas de pleurer une personne qui avait mené une vie si sainte et qui était morte dans le Seigneur.

Le corps de sainte Monique fut porté dans l'église, où l'on offrit pour elle le saint sacrifice avant de la descendre dans le tombeau, comme cela se pratiquait parmi les fidèles.

Jusque-là saint Augustin s'était fait violence; mais quand il se vit seul, il donna un libre cours à ses larmes. Il ne put se rappeler sans le plus vif attendrissement les vertus de sa sainte mère, le soin qu'elle avait pris de ses enfants, l'amour qu'elle leur avait porté, et surtout les inquiétudes et les alarmes qu'il lui avait causées; mais il se crut depuis obligé de justifier les pleurs qu'il avait versés. « Que si quelqu'un me reproche d'avoir pleuré quelques instants une mère qui avait pleuré tant d'années pour me rendre à la vie, je pense qu'il ne se moquera pas de moi, et, s'il a de la charité, il pleurera lui-même, afin que vous me pardonniez mes péchés. » Il prie Dieu pour elle dans ses *Confessions*, et conjure tous ceux qui liront son livre de se souvenir, à l'autel, de Monique et de Patrice.

« Je prie pour les péchés de ma mère, dit-il en s'adressant à Dieu. Exaucez-moi, Seigneur, par Celui qui a bien voulu être attaché à la croix pour nous, qui par son sang a guéri les plaies de nos âmes, et qui, étant assis à votre droite, intercède pour nous. Je sais qu'elle a pratiqué les œuvres de miséricorde, et qu'elle a pardonné de tout son cœur à ceux qui l'avaient offensée. Pardonnez-lui donc, Seigneur, les fautes qu'elle a pu commettre contre vous. Que votre miséricorde prévale sur votre justice à son égard. N'entrez point en jugement avec elle, vous qui avez promis de traiter avec miséricorde ceux qui auraient exercé la miséricorde...

elle nous a recommandé en mourant de nous souvenir d'elle à votre autel, au mystère duquel elle a assisté tous les jours de sa vie, et où elle savait que l'on peut s'approprier les mérites de la victime sainte dont le sang a effacé l'arrêt de mort porté contre nous.»

Le corps de sainte Monique fut transporté d'Ostie à Rome en 1420, sous le pape Martin V, et il y est encore dans l'église Saint-Augustin. Martin V a donné lui-même l'histoire de cette translation et celle de plusieurs guérisons miraculeuses opérées par l'intercession de la Sainte.

PRIÈRE.

Sainte Monique, modèle des épouses et des mères, qui avez obtenu par vos prières la conversion de votre époux et de votre fils, soyez pour nous encore, du haut du ciel, une mère pleine de tendresse; demandez pour nous à Dieu quelque chose de votre foi, de votre espérance, de votre charité, de votre ardent désir de la vie éternelle.

FIN

Tours. — Impr. Mame.

VIES

DE

N. S. JÉSUS-CHRIST.	la SAINTE VIERGE.
S. Alexis.	Ste Adélaïde.
— Antoine.	— Agathe.
— Augustin.	— Agnès.
— Bernard.	— Angèle.
— Charles Borrom.	— Anne.
— Clément.	— Catherine.
— Eugène.	— Cécile.
— François de Sales.	— Claire.
— François Xavier.	— Clotilde.
— Henri.	— Elisabeth.
— Jacques.	— Eulalie.
— Jean-Baptiste.	— Félicité.
— Léon.	— Geneviève.
— Louis de Gonz.	— Isabelle.
— Louis, roi de Fr.	— J.-F. de Chantal.
— Martin.	— Julienne.
— Nicolas.	— Lucie.
— Paul.	— Marguerite.
— Philippe.	— Marie-Madeleine.
— Pierre.	— Monique.
— Stanislas Kostka.	— Philomène.
— Thomas.	— Rose de Lima.
— Victor.	— Thérèse.
— Vincent de Paul.	— Victoire.

www.ingramcontent.com/pod-product-compliance
Ingram Content Group UK Ltd.
Pitfield, Milton Keynes, MK11 3LW, UK
UKHW020218200726
13856UKWH00004B/1478